D. João
CARIOCA

A corte portuguesa chega ao Brasil (1808-1821)

*Grafia atualizada segundo o Acordo Ortográfico da Língua Portuguesa
de 1990, que entrou em vigor no Brasil em 2009.*

Capa
Spacca

Preparação
Maria Cecília Caropreso

Revisão
Andressa Bezerra da Silva
Arlete Sousa
Marise S. Leal

Dados Internacionais de Catalogação na Publicação (CIP)
(Câmara Brasileira do Livro, SP, Brasil)

Schwarcz, Lilia Moritz; Spacca
    D. João Carioca: a corte portuguesa chega ao Brasil (1808-
-1821) / Lilia Moritz Schwarcz pesquisa e supervisão, Spacca
pesquisa, roteiro e desenhos. — São Paulo : Companhia das
Letras, 2007.

    ISBN 978-85-359-1120-6

    1. Brasil — História — D. João VI, 1808-1821 2. Carlota
Joaquina, Rainha, consorte de João VI, Rei de Portugal, 1775-
-1830 3. Corte portuguesa 4. D. João VI, Rei de Portugal,
1767-1826 5. Histórias em quadrinhos I. Spacca. II. Título.

07-8925   CDD-981.033

Índice para catálogo sistemático:
1. Família Real no Brasil : Histórias 981.033

[2015]
Todos os direitos desta edição reservados à
EDITORA SCHWARCZ S.A.
Rua Bandeira Paulista 702 cj. 32
04532-002 — São Paulo — SP
Telefone (11) 3707-3500
Fax (11) 3707-3501
www.companhiadasletras.com.br
www.blogdacompanhia.com.br

D. JOAO
CARIOCA

A corte portuguesa chega ao Brasil (1808-1821)

Lilia Moritz Schwarcz
pesquisa e supervisão

Spacca
pesquisa, roteiro e desenhos

16ª reimpressão

Agradecimentos

Os autores agradecem a Alberto da Costa e Silva, Ana Maria Tenca,
André Zambelli, Cristina Lodi, Helen Nakao, João Batista de Oliveira,
Júlia Moritz Schwarcz, Lúcia Garcia, Luiz Schwarcz,
Paulo Bastos Cezar, Raquel Martins Rego e Ricardo Macieira.

MOSTEIRO DE MAFRA, A 30 KM DE LISBOA – 12 DE AGOSTO, QUARTA-FEIRA

BOM DIA, D. ARAÚJO. O P.R.* ESTÁ CAÇANDO NA TAPADA**.

BAM

* PRÍNCIPE REGENTE.   ** BOSQUE FECHADO NUM PARQUE.

ESSA É DAS GORDOTAS, HEIN?...

VEIO MAIS CEDO HOJE, HEIN, D. ARAÚJO?...

Baseado em quadro de Domingos Antonio Sequeira.

ALTEZA, NAPOLEÃO **EXIGE** O ROMPIMENTO COM A INGLATERRA ATÉ 10 DE SETEMBRO.

QUER AINDA A **PRISÃO DOS INGLÉSES** RESIDENTES EM PORTUGAL E O CONFISCO DE SEUS BENS...

D. RODRIGO NÃO VAI GOSTAR, HEIN? DO JEITO QUE ELE É ENRABICHADO COM OS INGLESES...

ACHO QUE PODEMOS ACEITAR AS EXIGÊNCIAS DE NAPOLEÃO. PODEMOS DIZER AO EMBAIXADOR QUE...

HEIN? NÃO É ASSIM TÃO SIMPLES. QUERO CONVERSAR PRIMEIRO COM OS OUTROS MINISTROS. REÚNA O CONSELHO D'ESTADO.

JUSTAMENTE COM AS COISAS MAIS URGENTES É QUE NÃO DEVEMOS AGIR COM PRECIPITAÇÃO...

Baseado em *Copenhague em Chamas 1807*, do dinamarquês Christoffer Eckersberg.

ESTES PAPÉIS TAMBÉM VÃO, D. RODRIGO?...

PELO SIM, PELO NÃO, ENCAIXOTE TUDO.

VEJO UMA MOVIMENTAÇÃO INCOMUM POR AQUI...

LORDE STRANGFORD.

LONDRES ESTÁ ANSIOSA POR SABER QUE DECISÃO IRÁ TOMAR O PRÍNCIPE REGENTE EM RELAÇÃO AO BLOQUEIO...

... E TEMO QUE A PACIÊNCIA DE NAPOLEÃO SEJA AINDA MENOR DO QUE A **NOSSA**.

S.A.R. AINDA NÃO SE DECIDIU...

O **AFRANCESADO** DO D. ARAÚJO TEM CONSEGUIDO CONVENCER O PRÍNCIPE DE QUE É POSSÍVEL ACALMAR NAPOLEÃO COM UMA **APARENTE ADESÃO** AO BLOQUEIO.

APARENTE ADESÃO?...

OS ACONTECIMENTOS RECENTES NA DINAMARCA, D. RODRIGO, MOSTRAM COMO A NEUTRALIDADE PODE SER UMA **OPÇÃO ARRISCADA**...

A IDEIA É FECHAR OS PORTOS À INGLATERRA APENAS PARA **GANHAR** TEMPO E EVITAR A INVASÃO FRANCESA.

CLARO QUE SÓ FAREMOS ISSO COM A COMPREENSÃO E A APROVAÇÃO DOS NOSSOS AMIGOS INGLESES.

... ATÉ MESMO PARA OS **AMIGOS DA GRÃ-BRETANHA.**

EM 20 DE OUTUBRO, UM EDITAL DÈCLARA OFICIALMENTE O FECHAMENTO DOS PORTOS A QUALQUER NAVIO BRITÂNICO...

... MAS DOIS DIAS DEPOIS O EMBAIXADOR PORTUGUÊS EM LONDRES, IRMÃO DE D. RODRIGO, ASSINA UM **TRATADO SECRETO**...

LORDE CANNING, ESTE TRATADO GARANTE À INGLATERRA O DIREITO DE OCUPAR A ILHA DA MADEIRA...

... E AINDA DE ABRIR NO BRASIL UM **PORTO PARA A IMPORTAÇÃO DE PRODUTOS INGLESES**, COM TARIFAS FACILITADAS.

EM TROCA, A INGLATERRA ESCOLTARIA A FAMÍLIA REAL EM CASO DE VIAGEM AO BRASIL...

... E SÓ RECONHECERIA COMO REI DE PORTUGAL O LEGÍTIMO HERDEIRO DA CASA DE BRAGANÇA.

ENQUANTO ISSO, O EXÉRCITO DE JUNOT SERPENTEAVA PELOS PIRENEUS, NO NORTE DA ESPANHA, RUMO A PORTUGAL.

LISBOA, 1º DE NOVEMBRO

ALTEZA, O NOSSO EMBAIXADOR ACABA DE CHEGAR DA FRANÇA COM MÁS NOTÍCIAS...

"SE PORTUGAL NÃO FIZER O QUE EU QUERO, A CASA DE BRAGANÇA, DENTRO DE DOIS MESES, DEIXARÁ DE REINAR NA EUROPA."

ESTAS SÃO AS PALAVRAS DE NAPOLEÃO.

EU NÃO QUERIA CONFISCAR OS BENS DOS INGLESES, MAS NÃO RESTA OUTRA SAÍDA...

D. RODRIGO, AVISE STRANGFORD QUE VAMOS EXPULSAR OS INGLESES E CONFISCAR SEUS BENS, PARA VER SE O MALDITO DO CORSO SE DÁ POR SATISFEITO.

ALTEZA, ISSO VALE POR UMA DECLARAÇÃO DE GUERRA!

POR ISSO MESMO É PRECISO DEIXAR BEM CLARO QUE SERÁ UMA GUERRA DE MENTIRA. PARA FRANCÊS VER...

MAS NADA QUE D. JOÃO FIZESSE AGORA IA DETER NAPOLEÃO.

R-R-RAASG

MINHO
DOURO
TRÁS-OS-MONTES
BEIRA LITORAL
BEIRA ALTA

EM 27 DE OUTUBRO, PORTUGAL FOI REPARTIDO EM TRÊS PELO TRATADO SECRETO DE FONTAINEBLEAU...

O NORTE DE PORTUGAL IRÁ PARA O ANTIGO REI DA ETRÚRIA, COM O NOME DE LUSITÂNIA SETENTRIONAL.

O SUL, QUE BATIZO DE PRINCIPADO DE ALGARVES, IRÁ PARA D. MANUEL DE GODOY, PRÍNCIPE DA PAZ E MINISTRO DE SUA MAJESTADE CATÓLICA O REI DA ESPANHA...

... QUE SERÁ RECONHECIDO COMO "IMPERADOR DAS DUAS AMÉRICAS"...

A PARTE RESTANTE, BEIRA, ESTREMADURA E TRÁS-OS-MONTES...

... FICA COM O IMPERADOR DOS FRANCESES EM SEQUESTRO, ATÉ QUE HAJA PAZ NA EUROPA.

FOZ DO TEJO, 14 DE NOVEMBRO

NAUS INGLESAS!!!

VOCÊS VIERAM EM PAZ?

ISSO DEPENDE DE VOCÊS...

UMA **ESQUADRA INGLESA** BLOQUEIA O TEJO! EU SABIA QUE ESSA HISTÓRIA DE EXPULSAR OS INGLESES IA DAR NISSO...

VOSSA ALTEZA NÃO DEVIA TER DADO OUVIDOS AOS **AFRANCESADOS!**

CALMA, ESTÁ TUDO NOS PLANOS. NAPOLEÃO ESTÁ A CAIR EM NOSSA ARMADILHA, HEIN?

OS AFRANCESADOS NÃO ESTÃO TÃO CERTOS DISSO. D. ARAÚJO TENTA UMA ÚLTIMA CARTADA...

MARIALVA, VOCÊ PRECISA IR A PARIS ACALMAR NAPOLEÃO. LEVE DIAMANTES E PRESENTES.

LEVE ATÉ **A MÃO DO PRÍNCIPE** PARA A SOBRINHA DE BONAPARTE, SE FOR PRECISO!!

PORÉM, A MISSÃO DO MARQUÊS DE MARIALVA TERMINA NA ESPANHA...

SEU PASSAPORTE FICA CONOSCO, **SEÑOR!**

SIR SIDNEY SMITH, ACEITA UM REFUGIADO BRITÂNICO?

LORDE STRANGFORD, QUER ME EXPLICAR SE SOMOS **INIMIGOS** OU **GUARDA-COSTAS** DE PORTUGAL?

NÃO ENTENDO DE GUERRAS APARENTES. ISSO É INVENÇÃO DE DIPLOMATAS.

OU A ESPADA ESTÁ **DENTRO** OU **FORA DA BAINHA.**

MINHAS ORDENS SÃO **BOMBARDEAR LISBOA** E **CAPTURAR A FROTA,** CASO O PRÍNCIPE REGENTE SE RECUSE A IR PARA O BRASIL.

QUAIS AS CHANCES DE O PRÍNCIPE DECIDIR NÃO EMBARCAR?

APOSTO UMA LIBRA A UM XELIM QUE ELE FICA.

EU DIRIA QUE 50% / 50%.

FECHADO.

BEM, ATÉ ONDE SEI, ESTAMOS TENTANDO LUDIBRIAR NAPOLEÃO COM UMA APARÊNCIA DE GUERRA.

19

NUM CAIS AFASTADO, UM COCHE DISCRETO NÃO REVELA A IMPORTÂNCIA DOS PASSAGEIROS...

NÃO CORRAM TANTO! VÃO PENSAR QUE ESTAMOS FUGINDO!

CALMA, MINHA MÃE, HEIN!

ATÉ NA FUGA O REAL CASAL VIAJA SEPARADO.

ENQUANTO D. JOÃO EMBARCA NO "PRÍNCIPE REAL" COM A MÃE...

... A PRINCESA CARLOTA VAI NO "ALFONSO DE ALBUQUERQUE".

COM OS REGENTES A BORDO, NO DIA 28 É LIDA A DECLARAÇÃO DO PRÍNCIPE A SEUS SÚDITOS...

"... QUERENDO EU EVITAR AS FUNESTAS CONSEQUÊNCIAS QUE SE PODEM SEGUIR DE UMA DEFESA, SERVINDO SÓ PARA DERRAMAR SANGUE...

... TENHO RESOLVIDO, EM BENEFÍCIO DOS MEUS VASSALOS, PASSAR COM A RAINHA MINHA SENHORA E MÃE, E COM TODA A REAL FAMÍLIA, PARA OS ESTADOS DA AMÉRICA, E ESTABELECER-ME NA CIDADE DO RIO DE JANEIRO ATÉ A PAZ GERAL."

MAS ESTE É UM PAÍS DE MARMELADA...

VAI, PRÍNCIPE DOS MACACOS!

VAI, D. JOÃO DA FALPERRA*!

BABÃO! BABOSO!

* COVIL DE LADRÕES.

A PARTIDA ESTAVA MARCADA PARA O DIA 27, MAS O VENTO NÃO SE MOSTRAVA FAVORÁVEL.

ÀS DUAS DA MADRUGADA DE 29 DE NOVEMBRO, O VENTO VIROU...

IÇAR A VELA GRANDE!

LEVANTAR FERROS!

LISBOA, 29 DE NOVEMBRO DE 1807 – 7H DA MANHÃ

BUUUMMM BUMMM BUMM

AS NAUS PORTUGUESAS E INGLESAS TROCAM SAUDAÇÕES AMISTOSAS...

BUMMMM

BUMMMMMM

"FUGIRAM OS VELHACOS PARA A TERRA DOS MACACOS VIERAM OS LADRÕES PARA A TERRA DOS C*GÕES!"

5 DE DEZEMBRO

A MEIO CAMINHO ENTRE PORTUGAL E A ILHA DA MADEIRA, PARTE DA ESQUADRA INGLESA VOLTA PARA O BLOQUEIO DO TEJO.

LORDE STRANGFORD VOLTA PARA A INGLATERRA...

QUATRO NAVIOS INGLESES – "HMS* MARLBOROUGH", "HMS LONDON", "HMS BEDFORD" E "HMS MONARCH" – IRÃO ESCOLTAR A CORTE PORTUGUESA AO BRASIL.

* HMS: "HIS MAJESTY SHIP" OU "NAVIO DE SUA MAJESTADE" (DA INGLATERRA).

21 DE DEZEMBRO

A PRÓXIMA PARADA SERÁ EM CABO VERDE...

MENSAGEM DA NAU "PRÍNCIPE REAL", ALMIRANTE. O PRÍNCIPE D. JOÃO DECIDIU IR PARA O BRASIL SEM FAZER NENHUMA PARADA.

O COMBOIO SE DIVIDE. UMA PARTE VAI DIRETO PARA O RIO, ENQUANTO D. JOÃO SEGUE PARA A BAHIA.

ILHAS CANÁRIAS

CABO VERDE

ÁFRICA

MEADOS DE JANEIRO DE 1808

É SEMPRE ASSIM. QUANDO SE CHEGA AO EQUADOR, É ESTA CALMARIA.

LEVAM-SE 10 DIAS PARA PERCORRER 30 LÉGUAS – O QUE, COM BOM VENTO, SE FAZ EM 10 HORAS...

PELO MENOS DIMINUIU O CHACOALHAR DO NAVIO...

A CABEÇA DE VOSSA ALTEZA ESTÁ INFESTADA DE PIOLHOS.

O QUE ESTÁ ESPERANDO? TOSA TUDO!!!

O SISTEMA COLONIAL PROIBIA AS COLÔNIAS DE FAZEREM COMÉRCIO DIRETO COM OUTROS PAÍSES. O DOCUMENTO PEDIA A SUSPENSÃO DESSA PROIBIÇÃO.

MAS D. JOÃO FEZ MAIS QUE ISSO...

28 DE JANEIRO DE 1808

"QUE SEJAM ADMISSÍVEIS NAS ALFÂNDEGAS **TODOS** E **QUAISQUER** GÊNEROS DAS POTÊNCIAS QUE SE CONSERVAM EM PAZ E HARMONIA COM A MINHA REAL COROA..."

O QUE D. JOÃO CONCEDEU ERA, NA VERDADE, INEVITÁVEL.

COM A PENÍNSULA EM GUERRA, OS PRODUTOS PRECISAVAM ENCONTRAR OUTRO CANAL DE EXPORTAÇÃO...

... E O TRATADO SECRETO COM A INGLATERRA OBRIGAVA D. JOÃO A ABRIR ALGUM PORTO NO BRASIL SÓ PARA OS INGLESES.

A ÚNICA "NAÇÃO AMIGA" DISPONÍVEL NO MOMENTO PARA COMERCIAR ERA A INGLATERRA...

... MAS A CARTA RÉGIA ABRIA OS PORTOS PARA **TODAS AS NAÇÕES** QUE, EM BREVE, IRIAM CONCORRER COM OS INGLESES.

O AUTOR DO MEMORIAL, O DEPUTADO JOSÉ DA SILVA LISBOA (FUTURO **VISCONDE DE CAIRU**), FOI CONVIDADO PELO PRÍNCIPE A ENSINAR ECONOMIA POLÍTICA NO RIO.

ANTES DE ZARPAR PARA O RIO, D. JOÃO AINDA CRIA UMA **ESCOLA DE CIRURGIA**, AUTORIZA A INSTALAÇÃO DE **FÁBRICAS DE VIDRO** E DE **PÓLVORA** E DE UMA **COMPANHIA DE SEGUROS**.

26 DE FEVEREIRO

FICA, MEU REI! FICA!...

É PRÍNCIPE, HEIN!...

27

O PORTO DO RIO DE JANEIRO NÃO ESTAVA PREPARADO PARA RECEBER, DE UM DIA PARA O OUTRO, NAVIOS DO MUNDO INTEIRO...

QUANTO MOVIMENTO!

NÃO PARA DE CHEGAR E SAIR NAVIO.

É QUE AGORA OS NAVIOS DE LONDRES, ÁFRICA, ORIENTE E ATÉ DA OCEANIA VÊM PARA O BRASIL SEM PRECISAR PASSAR POR LISBOA.

AS MERCADORIAS ESTRANGEIRAS ESTÃO A **PREÇO DE BANANA**...

Produtos Ingleses legítimos

OFF SALE

... E O PREÇO DA BANANA FOI PARA AS NUVENS.

É A LEI DA OFERTA... OS NAVIOS QUE PARTEM QUEREM ENCHER OS PORÕES COM PRODUTOS DO BRASIL.

FALTA AÇÚCAR, BANANA, FUMO, CAFÉ... E O PREÇO AUMENTA.

OS **ALUGUÉIS** TAMBÉM SUBIRAM.

PUDERA, O RIO ESTÁ **ENTUPIDO** DE GENTE. E NÃO PARA DE CHEGAR PORTUGA!...

NA SALA DO TRONO, D. JOÃO RECEBE SEUS SÚDITOS PARA O BEIJA-MÃO, CERIMÔNIA DIÁRIA EM QUE S.A.R. OUVE QUEIXAS E CONCEDE BENEFÍCIOS...

MAS É ASSIM, TUDO **MISTURADO**?

É, NA FILA DO BEIJA-MÃO, PÉS DE MULATO PISAM EM CALCANHARES DE GENERAL...

VOSSA ALTEZA, EU ERA SECRETÁRIO EM LISBOA, E AGORA EU E MINHA FAMÍLIA PASSAMOS FOME...

FIQUE TRANQUILO, QUE SUA ALTEZA VAI LHE ARRANJAR UM CARGUINHO NA UCHARIA* REAL, HEIN!

* UCHARIA: DESPENSA.

DONA FRANCISCA, COMO VAI A SAÚDE, HEIN?

OH! O PRÍNCIPE SE RECORDA DO MEU NOME!

CONHEÇO TODOS OS MEUS VASSALOS. ENTÃO, JÁ LIBERTARAM O TEU FILHO?

CONTINUA PRESO, ALTEZA... O POBREZINHO NÃO FEZ NADA...

POIS VAIS LEVAR UMA CARTA MINHA AO MAJOR VIDIGAL...

PRECISA VER A CASA QUE ME ARRANJARAM. **UM LIXO!** TRESANDA A PÂNTANO.

A CIDADE INTEIRA FEDE. E O CALOR?

É PIOR QUE O PIOR DOS BAIRROS DE LISBOA. PIOR QUE A ALFAMA.

QUE **MOÇAMBIQUE!!!**

MEIO SÉCULO ATRÁS, O BAIRRO DE S.CRISTÓVÃO ERA UMA PRÓSPERA FAZENDA DA COMPANHIA DE JESUS.

À SEMELHANÇA DE MAFRA, D. JOÃO TAMBÉM GANHOU NOS TRÓPICOS UM REFÚGIO AFASTADO DA CORTE...

QUANDO O **MARQUÊS DE POMBAL** EXPULSOU OS JESUÍTAS E CONFISCOU OS SEUS BENS...

... A TERRA FOI RETALHADA EM LOTES.

NO FINAL DOS 1700, O COMERCIANTE LUSO-LIBANÊS **ELIE ANTUN LUBBIS** ADQUIRIU UMA GRANDE RESIDÊNCIA NO LOCAL MAIS ALTO DA ANTIGA FAZENDA.

LUBBIS ERA UM JUDEU CONVERTIDO AO CATOLICISMO...

... E ADOTOU O NOME APORTUGUESADO DE ELIAS ANTÔNIO LOPES.

MAS TODOS O CONHECIAM COMO "O TURCO ELIAS", APELIDO DADO AOS PORTADORES DE PASSAPORTE OTOMANO.

COM A VINDA DA CORTE, O COMERCIANTE REALIZOU UMA GRANDE REFORMA EM SUA RESIDÊNCIA CONSTRUÍDA EM ESTILO ORIENTAL...

... E EM 10 DE JANEIRO DE 1809 A PRESENTEOU A D. JOÃO.

SÓ PEÇO, ALTEZA, UMA **PEQUENA COMPENSAÇÃO** PELAS REFORMAS E UMA MODESTA MENSALIDADE PARA CONSERVAÇÃO...

É JUSTO.

ELIAS RECEBEU PELO "PRESENTE" A BAGATELA DE 21:929$000 (QUASE VINTE E DOIS CONTOS DE RÉIS) EM VIRTUDE DAS OBRAS REALIZADAS, PENSÃO VITALÍCIA...

... E FOI NOMEADO AINDA **CAVALEIRO FIDALGO DA CASA REAL**, COM A GRADUAÇÃO DE ALCAIDE-MOR DA VILA DE S.JOÃO DEL REI E PROVEDOR E CORRETOR DA CASA ADJUNTA DO COMÉRCIO.

EM SUMA... ESTAVA FEITO.

O COMERCIANTE, PORÉM, TEVE POUCO TEMPO PARA DESFRUTAR DE SUA GENEROSIDADE.

E A VISTA É BOA MESMO, HEIN?

MORREU EM 1815, SENDO ENTERRADO NO CEMITÉRIO DA ORDEM TERCEIRA DO CARMO.

A CERCA DE 5 QUILÔMETROS DO CENTRO DO RIO, A **QUINTA DA BOA VISTA** TORNOU-SE O REFÚGIO SOSSEGADO DE D. JOÃO...

FREI, PRECISAMOS DIMINUIR A TINTA!

NO PORÃO DO "MEDUSA", D. ARAÚJO EMBARCOU, JUNTO COM SUA COLEÇÃO DE PEDRAS E 34 CAIXOTES DE LIVROS...

... UM PRELO NOVINHO IMPORTADO DA INGLATERRA.

ESSE PRELO, INSTALADO NA CASA DE D. ARAÚJO, DEU ORIGEM À IMPRENSA RÉGIA...

... CRIADA EM DECRETO DE 13 DE MAIO PARA IMPRIMIR PRINCIPALMENTE LEIS E DOCUMENTOS.

EM 10 DE SETEMBRO DE 1808, SAI O PRIMEIRO JORNAL PUBLICADO NO BRASIL, A "GAZETA DO RIO DE JANEIRO", DIRIGIDO POR FREI TIBÚRCIO DA ROCHA.

"POVO ESPANHOL SE REVOLTA CONTRA BONAPARTE..."

VÊ AÍ SE SAIU A MINHA NOMEAÇÃO!

EM LONDRES, O BRASILEIRO* HIPÓLITO JOSÉ DA COSTA JÁ HAVIA PUBLICADO O "CORREIO BRAZILIENSE" EM 1º DE JUNHO DE 1808, TRÊS MESES ANTES DA "GAZETA".

* BRASILEIRO POR POUCO. SUA CIDADE NATAL, SACRAMENTO, ESTEVE VÁRIAS VEZES SOB DOMÍNIO ESPANHOL E HOJE PERTENCE AO URUGUAI.

É NO "CORREIO" QUE BRASILEIROS E PORTUGUESES PODEM LER ARTIGOS CRÍTICOS SOBRE O BRASIL, EUROPA E ESTADOS UNIDOS COM RAZOÁVEL INDEPENDÊNCIA.

TALVEZ NÃO TÃO INDEPENDENTE...

LEU O HIPÓLITO? ELE DIZ QUE AS REFORMAS FORAM COPIADAS DO ALMANAQUE DE LISBOA!

HIPÓLITO SEMPRE POUPOU D. JOÃO, QUE PROIBIA O "CORREIO"...

... MAS, SECRETAMENTE, AJUDAVA O JORNAL COM MIL LIBRAS ANUAIS DE 1813 A 1821.

"QUANDO tantas vezes entramos na discussão dos males que tem causado o mau sistema de administração do Brasil, e com a esperança de que fazendo conhecidas as origens das desordens tenhamos a doce satisfação de ver o Soberano feliz, com a consolação de reinar sobre um povo que deve o seu estado de prosperidade a esse Soberano..." (1812)

EM 1º DE ABRIL DE 1808, UM DECRETO SUSPENDE A PROIBIÇÃO, EM VIGOR DESDE 1785, DA INSTALAÇÃO DE FÁBRICAS NO BRASIL.

"... DESEJANDO PROMOVER A RIQUEZA NACIONAL, E SENDO UM DOS MANANCIAIS DELA AS MANUFATURAS E A INDÚSTRIA...

... SOU SERVIDO A REVOGAR TODA E QUALQUER PROIBIÇÃO QUE HAJA A ESTE RESPEITO NO ESTADO DO BRASIL E NOS MEUS DOMÍNIOS ULTRAMARINOS...

... QUE SEJA LÍCITO ESTABELECER TODO O GÊNERO DE MANUFATURAS..."

MAS NÃO BASTA DEIXAR DE PROIBIR PARA QUE UMA NAÇÃO SE INDUSTRIALIZE DA NOITE PARA O DIA...

FALTAM AO BRASIL TRABALHADORES PREPARADOS, CONHECIMENTOS TÉCNICOS, ESTRADAS E MEIOS ADEQUADOS DE TRANSPORTE, LABORATÓRIOS, FORNECIMENTO DE ÁGUA E SISTEMA DE ESGOTOS...

... E A IMPORTAÇÃO DE ARTIGOS INGLESES BEM PRODUZIDOS E EM GRANDE QUANTIDADE NÃO AJUDA MUITO.

ALTEZA, OS COFRES REAIS ESTÃO SE ESVAZIANDO.

TANTAS MELHORIAS, GASTOS E EMPREGOS ESTÃO ACABANDO COM O ERÁRIO.

A ARRECADAÇÃO DAS PROVÍNCIAS É INSUFICIENTE E IRREGULAR.

PRECISAMOS CONSEGUIR ENTRADAS DE CAPITAL!

EM 12 DE OUTUBRO DE 1808, D. JOÃO ASSINA O DECRETO QUE CRIA O BANCO DO BRASIL, QUE ENTRARÁ EM FUNCIONAMENTO UM ANO DEPOIS.

E OS IMPOSTOS? UMA TERRA TÃO VASTA E RICA...

O BANCO TERIA A FUNÇÃO DE ORGANIZAR AS TRANSAÇÕES COMERCIAIS E TROCAR OURO EM PÓ OU BARRAS POR BILHETES PAGÁVEIS À VISTA, QUE FUNCIONAM COMO MOEDA CORRENTE...

... E TAMBÉM TERIA O PRIVILÉGIO DE COMERCIAR PRODUTOS DA COROA, COMO O PAU-BRASIL, DIAMANTES E MARFIM.

NO ANIVERSÁRIO DE DONA MARIA, 17 DE DEZEMBRO, SEIS AUXILIARES DE D. JOÃO FORAM NOMEADOS CONDES.

D. RODRIGO TORNOU-SE O CONDE DE LINHARES.

DURANTE OS ANOS EM QUE PERMANECEU NA COLÔNIA, D. JOÃO NOMEOU 11 DUQUES, 38 MARQUESES, 64 CONDES, 91 VISCONDES E 31 BARÕES.

O SENHOR SABE COM QUEM ESTÁ FALANDO?! COM O BARÃO DE...

GRANDES COISAS! EU SOU MARQUÊS!

ENQUANTO ISSO, NA PENÍNSULA...

JUNOT DOMINA PORTUGAL COM MÃO DE FERRO E ALTOS IMPOSTOS.

TRINTA MIL SOLDADOS PORTUGUESES SÃO INCORPORADOS AO GRANDE EXÉRCITO DE NAPOLEÃO COM O NOME DE LEGIÃO PORTUGUESA.

NA ESPANHA, O REI CARLOS IV TENTA IMITAR D. JOÃO E VIAJAR PARA A AMÉRICA.

... E O REI ABDICA EM FAVOR DO FILHO, QUE ASSUME COMO FERNANDO VII.

MAS O POVO INVADE O PALÁCIO DE ARANJUEZ...

EM 2 DE MAIO, A POPULAÇÃO SE AMOTINA EM MADRID.

A REPRESSÃO NO DIA 3 É FEROZ...

CARLOS E FERNANDO VÃO A BAYONNE CONVERSAR COM NAPOLEÃO E CAEM NUMA CILADA.

SÃO PRESOS E FORÇADOS A ENTREGAR A COROA AO IRMÃO DE NAPOLEÃO, JOSÉ BONAPARTE.

EM PORTUGAL, TROPAS LUSAS E INGLESAS DERROTAM OS FRANCESES EM ROLIÇA E VIMEIRO (AGOSTO).

APESAR DISSO, GRAÇAS À CONVENÇÃO DE SINTRA, JUNOT CONSEGUE DEIXAR O PAÍS TRANQUILAMENTE, COM BAGAGEM E PILHAGEM EM NAVIOS INGLESES.

MAS É UM PAÍS DE MARMELADA!

AYAYAYAY... QUE TRISTEZA, MEU POBRE PAI E MEU "MANOLITO" FERNANDO NAS MÃOS SUJAS DE NAPOLEÃO...

AGORA COM O TRONO VAGO, O QUE SERÁ DAS SUAS COLÔNIAS NA AMÉRICA?...

ALGUÉM DA FAMÍLIA PRECISA TOMAR CONTA DELAS...

ESTOU TROCANDO CARTAS COM OS HOMENS MAIS INFLUENTES DA AMÉRICA ESPANHOLA, EM BUENOS AIRES, MONTEVIDÉU, SANTIAGO, LIMA...

TODOS PREFEREM **MIL VEZES** COLOCAR-SE SOB A MINHA AUGUSTA PROTEÇÃO A SERVIREM AO INFAME IRMÃO DE BONAPARTE NA ESPANHA.

ELES PODEM TEMER FAZER NEGÓCIOS COM A PRINCESA DE PORTUGAL, ESPOSA DE D. JOÃO.

É MELHOR VOSSA ALTEZA APRESENTAR-SE COMO A LEGÍTIMA **HERDEIRA** DOS BOURBON.

OS ARGENTINOS ANDAM COM UM DESEJO BOBO DE SE TORNAREM UMA **NAÇÃO INDEPENDENTE**, MAS VOU MUDAR A CABEÇA DELES.

VOU MANDAR UMA PRENSA EM SINAL DE AMIZADE, PARA FAZEREM PROPAGANDA POLÍTICA.

ELES VERÃO QUE O MEU DIREITO AO TRONO É **INDISCUTÍVEL**.

SEREI **RAINHA** SEM PRECISAR ESPERAR MEU MARIDO SER REI.

E FAREI DE VOCÊ **DUQUE DE MONTEVIDÉU!**

PORQUE EU NÃO POSSO FICAR MOFANDO NESTE ARREMEDO DE CORTE, NESTA ÁFRICA, EU SOU UMA RAINHA, UMA BOURBON, EU...

MIGUEL! SEU TRAQUINAS!

QUANTAS VEZES JÁ FALEI QUE SE TORNASSE A VOLTAR MOLHADO DA RUA, IA TOMAR UMA **SURRA!??**

ENFIM, TENHO QUE POSSUIR UM REINO À ALTURA DA MINHA **DIGNIDAD**.

41

CONQUISTAR A GUIANA FRANCESA ERA UMA IDEIA ANTIGA.

GUIANA FRANCESA

BRASIL

EM 27 DE OUTUBRO DE 1808, UMA EXPEDIÇÃO COM 700 HOMENS PARTE DE BELÉM...

... E SE JUNTA À CORVETA INGLESA "CONFIANCE", SOB O COMANDO DE JAMES LUCAS YEO, SOBRINHO DE SIDNEY SMITH.

JÁ EM 1796 D. RODRIGO ESCREVIA A SEU IRMÃO, D. FRANCISCO DE SOUZA COUTINHO, QUE ERA GOVERNADOR DO PARÁ...

"... VENDO GRANDE POSSIBILIDADE DE PODERDES **CONQUISTAR A ILHA DE CAIENA** E DOMÍNIOS FRANCESES NA GUIANA, ASSIM O FAÇAIS..."

AS FORÇAS LUSO-BRITÂNICAS DESEMBARCAM EM CAIENA NO INÍCIO DE JANEIRO.

EM TRÊS DIAS DE COMBATE, TOMAM OS FORTES DIAMANTE, DÊGRAD-DES-CANNES E TRIÓ.

EM 1º DE MAIO DE 1808, ASSIM QUE CHEGOU AO RIO, D. JOÃO DECLAROU GUERRA À FRANÇA...

... MAS ELES LÁ E EU CÁ, HEIN?

O GOVERNADOR FRANCÊS VICTOR HUGHES RENDEU-SE EM 12 DE JANEIRO DE 1809.

FOI UMA RENDIÇÃO EDUCADA: HUGHES OBTEVE PERMISSÃO PARA DEIXAR CAIENA EM SEGURANÇA, E O JARDIM BOTÂNICO GABRIELLE FOI POUPADO.

FOI A VINGANÇA DE D. JOÃO CONTRA NAPOLEÃO.

Baseado em uma gravura de Rugendas.

MAJESTADE, OS MÚSICOS DA CAPELA REAL TRAZEM UM PEDIDO A VOSSA ALTEZA...

AH! OS MEUS MÚSICOS! COMO TÊM PASSADO, HEIN?

ALTEZA, SÃO TODOS MÚSICOS PORTUGUESES DA MELHOR CATEGORIA...

NÃO PODEM SER REGIDOS POR UM **PADRE MULATO** QUE NUNCA SAIU DA COLÔNIA!

MAS QUE O PADRE É **BOM**, É BOM, HEIN?

NOS TRÊS ANOS EM QUE FOI MESTRE DA CAPELA REAL, O **PADRE JOSÉ MAURÍCIO NUNES GARCIA** COMPÔS CERCA DE 70 OBRAS SACRAS.

D. JOÃO GOSTAVA TANTO DELE QUE O CONDECOROU COM A **ORDEM DE CRISTO**, RETIRADA DO **PEITO** DO BARÃO DE VILA NOVA.

MAS CHEGA À CORTE EM 1811 O COMPOSITOR **MARCOS PORTUGAL**...

... E TEM MAIS: O PADRE TEM **TRÊS FILHOS!**

BEM, AÍ ENTÃO... TENS RAZÃO, DEVEMOS EVITAR ESSE ESCÂNDALO...

... E O BEATO D. JOÃO CEDEU AOS MÚSICOS, FAZENDO DE MARCOS PORTUGAL MESTRE DA CAPELA REAL E COMPOSITOR OFICIAL DA CORTE.

NÃO FOI EXCLUSIVAMENTE POR PRECONCEITO QUE JOSÉ MAURÍCIO PERDEU O CARGO, MAS TAMBÉM POR CONTA DA PREFERÊNCIA QUE A CORTE DAVA AOS ARTISTAS PORTUGUESES.

TAMBÉM O COMPOSITOR AUSTRÍACO SIGISMUND NEUKOMM, QUE VIRIA EM 1816 E ERA DISCÍPULO DE HAYDIN, NÃO CONSEGUIU EXECUTAR SUAS COMPOSIÇÕES NO BRASIL...

... E TEVE DE SE CONTENTAR EM SER PROFESSOR DE PIANO DE D. PEDRO.

É SI-DÓ-RÉ-MI-DÓ, ALTEZA...

Ó LINHARES, STRANGFORD ESTÁ A **EXIGIR** DEMAIS.

NÃO PODEMOS SUSPENDER A PROTEÇÃO AOS NOSSOS PRODUTOS...

A GRÃ-BRETANHA EXIGE, SEM NEGOCIAÇÃO, QUE TODOS OS MONOPÓLIOS SEJAM SUSPENSOS NO **TRATADO COMERCIAL**!

EXIGE, EXIGE... NUM ACORDO, AMBOS OS LADOS DEVEM CEDER...

ALTEZA, A INGLATERRA ESPERA SER **RECOMPENSADA** PELA PROTEÇÃO DURANTE A TRAVESSIA.

MAS EU JÁ RECOMPENSEI, D. RODRIGO.

CONDECOREI OS ALMIRANTES COM A ORDEM DA TORRE E DA ESPADA E AINDA DEI UMA **CHÁCARA** AO SMITH, HEIN!

NÃO POSSO TAXAR EM 15% OS ARTIGOS INGLESES, ENQUANTO OS NOSSOS PAGAM 16%...

O *TRATADO DE COMÉRCIO E NAVEGAÇÃO* COMEÇA BEM...

"... ADOTAR UM SISTEMA LIBERAL DE COMÉRCIO, FUNDADO SOBRE AS BASES DE RECIPROCIDADE E MÚTUA CONVENIÊNCIA... SÓLIDA VANTAGEM DE AMBAS AS PARTES..."

... MAS ESTÁ LONGE DE SER UM ACORDO COMERCIAL EQUILIBRADO ENTRE PORTUGAL E INGLATERRA.

SUA ALTEZA JÁ CONCORDOU EM ASSINAR O TRATADO?

VOCÊ SABE, ELE NÃO TOMA UMA DECISÃO ANTES DE CONSULTAR TODOS OS SEUS AMIGOS.

ATÉ DO **AFRANCESADO** ELE FOI TOMAR CONSELHO!

MAS FAREI VER AO P.R. QUE O CONTRATO É **JUSTO** E **VANTAJOSO** PARA OS DOIS PAÍSES.

D. ANTÔNIO DE ARAÚJO ESTÁ FORA DO MINISTÉRIO DESDE QUE CHEGOU AO BRASIL, E NÃO PENSA COMO D. RODRIGO...

ESTE TRATADO É LEONINO! UM ABSURDO!!!

Chácara de d. Antonio, segundo desenhos de Thomas Ender.

46

ESTAMOS QUASE CONSEGUINDO. SÓ HÁ UM ASSUNTO EM QUE O PRÍNCIPE É IRREDUTÍVEL...

COM OS ESCRAVOS NÃO SE MEXE, HEIN!

O COMÉRCIO DE ESCRAVOS ERA MUITO LUCRATIVO.

D. JOÃO TEMIA DESAGRADAR OS DONOS DE ENGENHO, MINERADORES, OS TRAFICANTES E DEMAIS PROPRIETÁRIOS, OS HABITANTES MAIS PODEROSOS DO BRASIL.

EM 1807, O PARLAMENTO INGLÊS ABOLE O COMÉRCIO DE ESCRAVOS (A ABOLIÇÃO TOTAL SÓ VIRIA EM 1833).

É CHOCANTE, AOS OLHOS DE DEUS, CONTEMPLAR NOSSAS **INFORTUNADAS CRIATURAS IRMÃS** EM CATIVEIRO E EXÍLIO, EXPOSTAS NUAS AO PÚBLICO E VENDIDAS COMO **GADO**!!

MAS AS NOSSAS COLÔNIAS FICARÃO EM DESVANTAGEM, JÁ QUE NOSSOS CONCORRENTES CONTINUARÃO USANDO A MÃO DE OBRA ESCRAVA...

ENTÃO **TODOS** OS PAÍSES DEVERÃO ABOLIR O TRÁFICO!

ALTEZA, OS ESTADOS UNIDOS E A DINAMARCA NÃO TRAFICAM MAIS ESCRAVOS. É UMA TENDÊNCIA MUNDIAL...

BEM, ENTÃO QUE SEJA **BEM GRADUAL**...

"SUA ALTEZA REAL O PRÍNCIPE REGENTE DE PORTUGAL, ESTANDO PLENAMENTE CONVENCIDO DA **INJUSTIÇA E MÁ POLÍTICA** DO COMÉRCIO DE ESCRAVOS...

... ADOTANDO OS MAIS EFICAZES MEIOS PARA CONSEGUIR EM TODA A EXTENSÃO DOS SEUS DOMÍNIOS UMA **GRADUAL ABOLIÇÃO** DO COMÉRCIO DE ESCRAVOS..."

EM 19 DE FEVEREIRO DE 1810, OS TRATADOS SÃO ASSINADOS.

*PARA ISSO, FOI DECISIVO O **EMPRÉSTIMO DE 600 MIL LIBRAS** QUE A INGLATERRA FEZ PARA A COROA...*

TÃO GRADUAL QUE SE LIMITOU A PROIBIR O TRÁFICO EM REGIÕES DA ÁFRICA FORA DO DOMÍNIO PORTUGUÊS.

... E O CONDE DE LINHARES GANHOU UMA PEQUENA LEMBRANÇA DO REGENTE INGLÊS.

Mercado de escravos segundo Debret e Rugendas.

ENQUANTO ISSO, OS FRANCESES VOLTAM A INVADIR PORTUGAL EM 1808, 1809 E 1810...

... E SÃO EXPULSOS PELA POPULAÇÃO, NA BASE DO GARFO, FACA E PANELA.

NA ESPANHA, SEM GOVERNO E MERGULHADA NUMA GUERRA SANGRENTA, A JUNTA CENTRAL CONVOCOU UMA ASSEMBLEIA CONHECIDA COMO "AS CORTES DE CÂDIZ".

COM FERNANDO VII AINDA PRESO NA FRANÇA, DISPUTAVAM O PODER OS ABSOLUTISTAS E OS LIBERAIS...

TODOS OS HOMENS DEVEM SER IGUAIS PERANTE A LEI!

NÃO DEVEMOS MUDAR AS LEIS DA MONARQUIA!

O DIPLOMATA PORTUGUÊS PEDRO DE SOUZA HOLSTEIN, FUTURO CONDE DE PALMELA, ESTAVA EM CÂDIZ PARA DEFENDER OS DIREITOS DE D. CARLOTA DE BOURBON AO TRONO.

COM OS CUMPRIMENTOS DA PRINCESA CARLOTA DE BOURBON!

MAS O NOME DA PRINCESA DO BRASIL NÃO FOI BEM-ACEITO PELOS DEPUTADOS...

MORRA A FILHA DE MARIA LUÍSA!

ANTES OS BOURBON DE NÁPOLES!

ENTÃO, CARLOTINHA, FRUSTRARAM-TE OS PLANOS NA ESPANHA, HEIN?

MAS QUEM SABE NÃO HÁ UM JEITO MAIS FÁCIL DE UNIR OS TRONOS DE ESPANHA E PORTUGAL, HEIN?

EM 13 DE MAIO (ANIVERSÁRIO DE D. JOÃO) DE 1810, A FILHA MAIS VELHA DE CARLOTA, MARIA TERESA, CASA-SE COM O INFANTE ESPANHOL D. PEDRO CARLOS, SOBRINHO MUITO ESTIMADO DE D. JOÃO...

... MAS ELE MORRE DOIS ANOS DEPOIS, EM 1812, DE UMA "FEBRE NERVOSA".

OS EMISSÁRIOS PORTUGUESES SEGUEM O CONSELHO DE TALLEYRAND...

... E EM 8 DE ABRIL CONSEGUEM QUE O CONGRESSO RECONHEÇA D. JOÃO COMO PRÍNCIPE REGENTE DO **REINO DE PORTUGAL** E DO **REINO DO BRASIL.**

TIVEMOS QUE DEVOLVER A GUIANA AOS FRANCESES...

... MAS PELO MENOS CONSEGUIMOS OLIVENÇA DE VOLTA, E A PROIBIÇÃO DO TRÁFICO APENAS AO NORTE DO EQUADOR.

NA PRÁTICA, O BRASIL DEIXOU DE SER COLÔNIA COM A VINDA DA CORTE.

AGORA, PORÉM, ERA OFICIAL: UM REINO TANTO QUANTO PORTUGAL – E, AINDA MAIS, SEDE DA COROA.

DONG DOLONG

D. JOÃO NÃO HAVIA SIDO CONSULTADO, MAS QUANDO SOUBE APROVOU A IDÉIA.

"QUE O ESTADO DO BRASIL SEJA ELEVADO À DIGNIDADE, PREEMINÊNCIA E DENOMINAÇÃO DE **REINO DO BRASIL**...

... E QUE OS MEUS REINOS DE PORTUGAL, ALGARVES E BRASIL FORMEM DORA EM DIANTE UM SÓ E ÚNICO REINO...

... DEBAIXO DO TÍTULO DE **REINO UNIDO DE PORTUGAL, DO BRASIL E ALGARVES."**

16 DE DEZEMBRO DE 1815

NO DIA SEGUINTE, D. ARAÚJO RECEBE O TÍTULO DE CONDE DA BARCA.

E D. JOÃO VAI TOMANDO GOSTO PELA TERRA...

1816

MALDITOS PRÍNCIPES!

FINALMENTE VOU-ME EMBORA DESTA TERRA!

O BENDITO CASAMENTO DE VOCÊS DUAS EM MADRI SERÁ O MEU **PASSAPORTE**.

MARIA ISABEL IRIA SE CASAR COM SEU TIO FERNANDO VII E MARIA FRANCISCA COM O INFANTE D. CARLOS.

VOU OU NÃO VOU ACOMPANHAR AS FILHOTAS?... OUTRA VIAGEM NO MAR ME ASSUSTA. MELHOR QUE CARLOTA VÁ SEM MIM.

DONA CARLOTA SOZINHA NA EUROPA SERÁ UM PERIGO!

É MELHOR QUE NÃO VÁ!

OU VÁ DISFARÇADA.

D. JOÃO AUTORIZA A PRINCESA A VIAJAR COM AS FILHAS.

LA-LA-LA LA-LÁ...

MAS EM 20 DE MARÇO UMA TRISTE NOTÍCIA MUDA SEUS PLANOS...

A RAINHA MORREU!!!

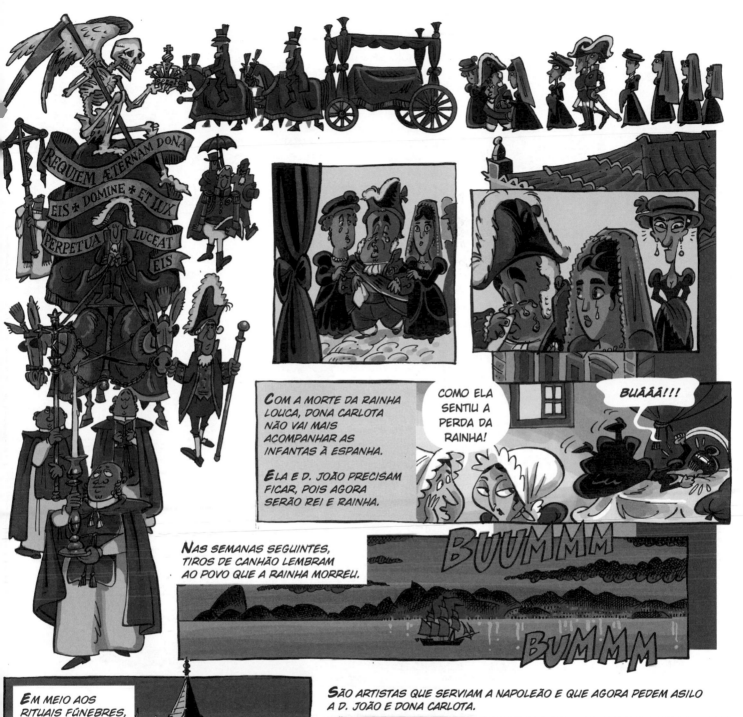

REQUIEM ÆTERNAM DONA EIS * DOMINE * ET LUX PERPETUA LUCEAT EIS

COM A MORTE DA RAINHA LOUCA, DONA CARLOTA NÃO VAI MAIS ACOMPANHAR AS INFANTAS À ESPANHA.

ELA E D. JOÃO PRECISAM FICAR, POIS AGORA SERÃO REI E RAINHA.

COMO ELA SENTIU A PERDA DA RAINHA!

BUÂÂÂ!!!

NAS SEMANAS SEGUINTES, TIROS DE CANHÃO LEMBRAM AO POVO QUE A RAINHA MORREU.

BUUMMM

BUMMM

EM MEIO AOS RITUAIS FÚNEBRES, CHEGA DA FRANÇA UM NAVIO CARREGADO DE PINTORES E ARQUITETOS.

SÃO ARTISTAS QUE SERVIAM A NAPOLEÃO E QUE AGORA PEDEM ASILO A D. JOÃO E DONA CARLOTA.

ESTAS MALAS SÃO SUAS, DEBRET?

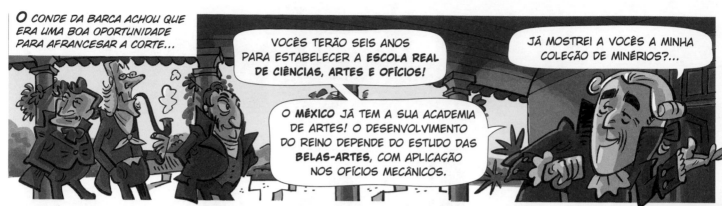

O CONDE DA BARCA ACHOU QUE ERA UMA BOA OPORTUNIDADE PARA AFRANCESAR A CORTE...

VOCÊS TERÃO SEIS ANOS PARA ESTABELECER A **ESCOLA REAL DE CIÊNCIAS, ARTES E OFÍCIOS!**

O **MÉXICO** JÁ TEM A SUA ACADEMIA DE ARTES! O DESENVOLVIMENTO DO REINO DEPENDE DO ESTUDO DAS **BELAS-ARTES,** COM APLICAÇÃO NOS OFÍCIOS MECÂNICOS.

JÁ MOSTREI A VOCÊS A MINHA COLEÇÃO DE MINÉRIOS?...

SÃO ARTISTAS DE VÁRIAS ESPECIALIDADES: O ARQUITETO **GRANDJEAN DE MONTIGNY,** OS PINTORES **DEBRET** E **TAUNAY,** OS ESCULTORES IRMÃOS **FERREZ** E MUITOS OUTROS...

... QUE FAZEM RETRATOS, MEDALHAS, PRÉDIOS E MONUMENTOS QUE EMBELEZAM A CAPITAL DO REINO...

O RIO SE ENFEITA COM OS ORNATOS DE UMA NOVA ATENAS!

... MAS A ACADEMIA, APROVADA EM DECRETO, CUSTA A SAIR DO PAPEL.

NO SÍTIO DOS TAUNAY, NA CASCATINHA DA TIJUCA, TAUNAY, MONTIGNY E DEBRET FAZEM UM BALANÇO DE SUA ESTADIA NOS TRÓPICOS...

FAZ **CINCO ANOS** QUE CHEGAMOS, E ATÉ AGORA NADA!

E ESSE NOVO DIRETOR PORTUGUÊS QUE NOMEARAM PARA A ACADEMIA?

AINDA NÃO CONSEGUI FALAR COM ELE.

É, MAS ELE JÁ FALA **MAL** DE NÓS PARA TODO MUNDO...

ALÉM DE SEUS COMPROMISSOS OFICIAIS, O PINTOR DEBRET NÃO SÓ RETRATOU A ELITE E A REALEZA COMO OS ESCRAVOS E O COTIDIANO.

DEPOIS DE MUITA RIVALIDADE E INTRIGAS, A ESCOLA – COM O NOME DE **ACADEMIA IMPERIAL DE BELAS ARTES** – É INAUGURADA EM 1826, QUANDO D. JOÃO NÃO ESTAVA MAIS NO BRASIL.

APESAR DE UM CERTO "SOTAQUE" DE PINTURA NEOCLÁSSICA FRANCESA, SUA OBRA É UM RETRATO VIVO DO COTIDIANO DO PAÍS EM QUE ELE VIVEU DURANTE 15 ANOS.

Segundo *Barbeiros ambulantes*, de Debret.

Segundo gravura de Debret.

13 DE MAIO DE 1816
PRAIA GRANDE (NITERÓI)

A TRISTEZA DO LUTO NÃO ARREFECEU OS ÂNIMOS GUERREIROS DA COROA.

D. JOÃO MANDOU VIR DE LISBOA 4.850 SOLDADOS DA DIVISÃO DE VOLUNTÁRIOS REAIS, VETERANOS DAS GUERRAS NAPOLEÔNICAS...

... PARA COMBATER AO LADO DAS TROPAS DE RIO GRANDE, SANTA CATARINA E SÃO PAULO.

E A INGLATERRA NÃO VAI SE METER DESTA VEZ, HEIN?

O EXÉRCITO PORTUGUÊS ESTÁ OUTRA VEZ DE PARTIDA PARA A BANDA ORIENTAL...

OS 8 MIL HOMENS DO CAUDILHO ARTIGAS NÃO BASTAM PARA COMBATER OS LUSO-BRASILEIROS...

É VERDADE QUE BOA PARTE DOS "VOLUNTÁRIOS" FOI RECRUTADA À FORÇA NAS ALDEIAS LUSITANAS...

FEROZES BATALHAS SÃO TRAVADAS NOS DOIS LADOS DA FRONTEIRA.

... E AO MESMO TEMPO PROTEGER UMA REGIÃO TÃO VASTA.

O GENERAL PORTUGUÊS LECOR OCUPA MONTEVIDÉU EM 20 DE JANEIRO DE 1817.

BRASIL

PROVÍNCIA CISPLATINA

ARGENTINA

A BANDA SERÁ INCORPORADA AO REINO DO BRASIL EM 1821, COM O NOME DE PROVÍNCIA CISPLATINA.

VIENA, 17 DE FEVEREIRO DE 1817

OOOOHHH! É O CORTEJO DO **EMBAIXADOR DE PORTUGAL**!

SÃO 17 CARRUAGENS, 7 PAJENS MONTANDO GINETES ÁRABES NEGROS, 7 BERLINDAS COM CAVALOS BRANCOS...

PORTUGAL DEVE SER UM PAÍS **MUITO RICO** MESMO!

TOMARA QUE A PRINCESA LEOPOLDINA SEJA MAIS FELIZ QUE A IRMÃ DELA!

COITADA DA MARIA LUÍSA, TEVE QUE CASAR COM AQUELE OGRO NANICO DO **NAPOLEÃO**!

SUA EXCELÊNCIA, O EMBAIXADOR EXTRAORDINÁRIO DE D. JOÃO, **MARQUÊS DE MARIALVA**!

BOM BOM BOM

VENHO, EM NOME DE D. JOÃO, O MUI ALTO E PODEROSO SENHOR DE PORTUGAL, DO BRASIL E DE ALGARVES, SUPLICAR AO MUI ALTO E PODEROSO SENHOR DOS REINOS DA ÁUSTRIA E DA HUNGRIA...

... A GRAÇA DE CONCEDER A MÃO DA SERENÍSSIMA ARQUIDUQUESA **MARIA LEOPOLDINA JOSEFA CAROLINA** AO SERENÍSSIMO PRÍNCIPE **D. PEDRO DE BOURBON E BRAGANÇA**, HERDEIRO DO TRONO.

O ENVIADO ESPECIAL PORTUGUÊS TINHA ORDENS DE NÃO ECONOMIZAR.

MAIS DE UM MILHÃO E MEIO DE FRANCOS CUSTOU A MISSÃO...

... PARA O QUAL MARIALVA CONTRIBUIU COM SUA PRÓPRIA RECEITA, E D. JOÃO HIPOTECOU AS RENDAS DA CASA DE BRAGANÇA PARA ASSEGURAR O DOTE.

EM 16 DE ABRIL, O EMBAIXADOR OFERECEU UMA FESTA PARA MAIS DE 400 CONVIDADOS, NUM SALÃO MANDADO CONSTRUIR POR ELE NO JARDIM IMPERIAL DE AUGARTEN.

SÓ NAS FABULOSAS CRÔNICAS ORIENTAIS SE VIU SEMELHANTE LUXO!

EIS A EFÍGIE DO SEU FUTURO CONSORTE...

OOOOHHH!!!

QUE BONITO.

O CASAMENTO DE D. PEDRO E LEOPOLDINA REALIZA-SE À DISTÂNCIA, NA ÁUSTRIA, NO DIA DO ANIVERSÁRIO DE D. JOÃO, 13 DE MAIO.

O ARQUIDUQUE CARLOS, IRMÃO DA NOIVA, FAZ O PAPEL DE D. PEDRO.

SOLDADOS, HÁ UM **MOTIM** EM ANDAMENTO. PRENDAM OS OFICIAIS SUSPEITOS!

MORRA, INFAME!

ENQUANTO OS REIS CASAM SEUS FILHOS EM VIENA, AGITA-SE EM RECIFE A "HIDRA REVOLUCIONÁRIA"...

O LEVANTE COMEÇOU NO DIA 6 DE MARÇO.

O CRIME DO "LEÃO COROADO" INICIA A **REVOLUÇÃO PERNAMBUCANA**.

VIVA A PÁTRIA, MORRA MARINHEIRO! VIVA A PÁTRIA, MORRA MARINHEIRO!

MORRAM OS MARINHEIROS!!!

"MARINHEIROS" ERAM OS PORTUGUESES OU OS EUROPEUS EM GERAL, ACUSADOS DE POSSUÍREM OS MELHORES EMPREGOS E REGALIAS.

RICOS PROPRIETÁRIOS, OFICIAIS BRASILEIROS, NEGOCIANTES LIBERAIS E PADRES INSTRUÍDOS NAS "LEITURAS FRANCESAS" PROCLAMAM A REPÚBLICA EM PERNAMBUCO.

ARTIGO PRIMEIRO: QUE SE TRATEM TODOS POR "VÓS" E SE CHAMEM E ASSINEM "PATRIOTAS"!

VIVA O PATRIOTA DOMINGOS!

VIVA O PATRIOTA PADRE MIGUELINHO!

ERA UM CLARO SINAL DE QUE AS PROVÍNCIAS ANDAVAM ACHANDO QUE OS IMPOSTOS SÓ BENEFICIAVAM A CORTE E NÃO O RESTO DO REINO.

MUITOS PATRIOTAS ERAM MAÇONS*...

VAMOS CONVIDAR O **IRMÃO PRESIDENTE DOS ESTADOS UNIDOS** PARA APOIAR A NOVA REPÚBLICA!

E O **IRMÃO HIPÓLITO DA COSTA** PARA SER **MINISTRO!**

* A MAÇONARIA É UMA SOCIEDADE SECRETA, CIVIL, CRÍTICA AO ANTIGO REGIME E AO REI E QUE GANHA FORÇA NO BRASIL A PARTIR DO INÍCIO DO SÉCULO XIX.

ANTES QUE O MOVIMENTO SE ESPALHE, O GOVERNADOR DA BAHIA, **CONDE DOS ARCOS** (EX-VICE-REI DO BRASIL), INICIA A REPRESSÃO AOS REVOLTOSOS...

NENHUMA NEGOCIAÇÃO SERÁ ATENDIDA SEM A ENTREGA DOS CHEFES DA REVOLTA OU A CERTEZA DE SUA **MORTE.**

É LÍCITO ATIRAR-LHES A ESPINGARDA COMO A **LOBOS!**

EM 25 DE MARÇO, O **PADRE ROMA** É PRESO AO DESEMBARCAR NA BAHIA E EXECUTADO TRÊS DIAS DEPOIS.

NO MESMO DIA, A NOTÍCIA DA REVOLTA CHEGA AO RIO.

TENHO OITO BATALHÕES PARA DAR COMBATE AOS REBELDES!

AS FORÇAS DO RIO NÃO CHEGAM A COMBATER.

EM 19 DE MAIO, OS PATRIOTAS DEIXAM RECIFE E FOGEM PARA O ENGENHO PAULISTA.

O EXÉRCITO MANDADO PELO CONDE DOS ARCOS VENCE OS REVOLTOSOS.

O **PADRE JOÃO RIBEIRO** SE ENFORCA EM UMA ÁRVORE.

O CASTIGO É CRUEL E EXEMPLAR.

OS LÍDERES SÃO EXECUTADOS, SUAS CABEÇAS E MÃOS DECEPADAS E EXPOSTAS EM PRAÇA PÚBLICA.

Baseado em desenho de Thomas Ender, a bordo da fragata *Austria*.

Baseado em *D. Leopoldina com seus filhos*, de A. Failutti.

EM PORTUGAL...

"NÓS TEMOS UM REI CHAMADO JOÃO. FAZ O QUE LHE MANDAM, COME O QUE LHE DÃO..."

A FUGA DA FAMÍLIA REAL; A DITADURA E O PESADO IMPOSTO DE GUERRA DE JUNOT; OS ABUSOS DA OCUPAÇÃO BRITÂNICA; O COMÉRCIO DESVIADO PARA A EX-COLÔNIA...

EM RESUMO: O BRAGANÇA NÃO ESTÁ NEM AÍ PARA A TERRINHA!!

... TUDO ISSO FERMENTA O GÉRMEN DA REVOLTA...

EM MAIO DE 1817, AO MESMO TEMPO DA REVOLUÇÃO PERNAMBUCANA, UMA CONSPIRAÇÃO É DELATADA EM LISBOA.

AO MESMO TEMPO QUE O LEVANTE EM RECIFE? A MAÇONARIA DEVE ESTAR POR TRÁS DISSO...

O MARECHAL INGLÊS BERESFORD MANDA ENFORCAR O GENERAL GOMES FREIRE, GRÃO-MESTRE MAÇOM, E MAIS DEZ OFICIAIS PORTUGUESES.

EM 1820, BERESFORD VAI PESSOALMENTE AO RIO ALERTAR D. JOÃO VI...

LORDE BERESFORD, CUSTO A CRER QUE OS CORAÇÕES DE MEUS SÚDITOS PORTUGUESES SEJAM INGRATOS A PONTO DE SE REBELAR CONTRA A MINHA REAL PESSOA...

MEU CONSELHO É QUE VOSSA MAJESTADE OU UM DE VOSSOS FILHOS VÁ ACALMAR OS ÂNIMOS E MOSTRAR AUTORIDADE...

... ANTES QUE O PAÍS PEGUE FOGO!

MAJESTADE, PORTUGAL ESTÁ À BEIRA DA REVOLUÇÃO.

DE VOLTA A PORTUGAL, LEVANDO O SOLDO ATRASADO DAS TROPAS, BERESFORD NEM PÔDE DESEMBARCAR.

A REVOLUÇÃO LIBERAL JÁ HAVIA ESTOURADO, EM 24 DE AGOSTO.

EM OUTUBRO CHEGAM AS NOTÍCIAS AO RIO...

MAJESTADE, UMA JUNTA PROVISÓRIA CONVOCOU AS CORTES DE LISBOA PARA ESCREVER UMA **NOVA** CONSTITUIÇÃO...

... E PEDE O REGRESSO DE SUA MAJESTADE.

QUEREM O QUE FOI FEITO NA ESPANHA, MAJESTADE.

FERNANDO VII TEVE DE **ENGOLIR** UMA CONSTITUIÇÃO PARA CONTINUAR NO TRONO.

MAS, AFINAL, O QUE ELES ESTÃO QUERENDO? JÁ NÃO GOSTAM DO SEU REI?

E O QUE ACHAS QUE DEVO FAZER, Ó VILANOVA?

VOSSA MAJESTADE **NÃO DEVE DEIXAR** O RIO!!!

LOGO CHEGAM CARTAS PELOS PAQUETES NO RIO E EM OUTROS PORTOS DO BRASIL, E A NOVIDADE SE ESPALHA...

VOSSA MAJESTADE PODE RECEBER AS QUEIXAS E DEPOIS MANDAR UM REPRESENTANTE A LISBOA.

VÃO ESCREVER UMA **NOVA LEI** EM PORTUGAL! E O REI VAI TER DE OBEDECER A ELA!

ELES É QUE ESTÃO CERTOS. AQUI, A **VONTADE DO REI É A LEI!!**

ESTOUROU UMA REVOLUÇÃO NO PORTO!!

Baseado na gravura *Os refrescos do Largo do Palácio*, de Debret.

MAS A VONTADE DO REI ESTÁ NUMA DAQUELAS TERRÍVEIS CRISES DE INDECISÃO.

VOU OU NÃO VOU?

AI, JESUS, OUTRA VIAGEM DE NAVIO...

D. JOÃO PEDE POR ESCRITO A OPINIÃO DE 13 CONSELHEIROS:

OITO SUGERIRAM QUE MANDASSE D. PEDRO A LISBOA.

ACHO QUE JÁ ASSISTI A ESTA OPERETA ANTES, HEIN!

EM DEZEMBRO, O **CONDE DE PALMELA** VEM DE LISBOA ASSUMIR A PASTA DE NEGÓCIOS DO EXTERIOR NO RIO...

... E TRAZ UMA VISÃO MAIS REALISTA QUE A DO REI...

A REVOLUÇÃO É INEVITÁVEL, MAJESTADE.

E, NA ESCALA QUE FIZ EM SÃO SALVADOR, PERCEBI QUE O ESPÍRITO DOS NOVOS TEMPOS TAMBÉM JÁ CHEGOU AO BRASIL...

ENTÃO VOCÊ ACHA QUE O REI DEVE FAZER AS VONTADES DAS CORTES DE LISBOA?!

É CEDER PARA GANHAR, MAJESTADE.

V.M. DEVE IR PESSOALMENTE A LISBOA, PARA, COM VOSSO PRESTÍGIO, CONDUZIR OS DEBATES A UMA **MONARQUIA CONSTITUCIONAL**...

... MAS VOSSA ALTEZA NÃO DEVE FALAR NADA DE "CONSTITUIÇÃO" E TUDO DE "MELHORAMENTOS"!

... ANTES QUE FAÇAM UMA REVOLUÇÃO MAIS RADICAL NA AUSÊNCIA DO REI.

A REPÚBLICA!!!

OBRIGADO, PALMELA, O REI VAI REFLETIR SOBRE O ASSUNTO.

MAS D. JOÃO SE INCLINA À OPINIÃO DE VILANOVA PORTUGAL E DOS OUTROS CONSELHEIROS.

E DECIDE ENVIAR D. PEDRO PARA OUVIR AS QUEIXAS E PROPOR AO REI AS REFORMAS...

NÃO QUERO QUE PEDRO ME DEIXE SOZINHA!

MAS TUA GRAVIDEZ ESTÁ MUITO AVANÇADA PARA VIAJAR...

NÃO! NÃO VOU SUPORTAR. SE EU FICAR ABANDONADA AQUI, SEREI ALVO DAS **PIORES INTRIGAS.**

EMBARCO NO MAIS MISERÁVEL BOTE, SEJA PARA UNIR-ME A ELE, SEJA PARA VOLTAR À MINHA TERRA.

ESTÁ BEM, FAREI O POSSÍVEL PARA ATRASAR A VIAGEM.

ASSIM PODES IR COM ELE, HEIN?

MAS OS ACONTECIMENTOS NÃO ESPERAM A DECISÃO REAL.

EM SALVADOR, UMA JUNTA DE BRASILEIROS E PORTUGUESES DECLARA APOIO À CONSTITUIÇÃO QUE IRIA SER FEITA EM PORTUGAL, E PROVISORIAMENTE À DA ESPANHA.

ABAIXO O ABSOLUTISMO!

10 DE FEVEREIRO DE 1821

VIVA A CONSTITUIÇÃO!

DUAS HORAS DEPOIS, D. PEDRO TRAZ O NOVO DECRETO DO PAI...

E O NOVO MINISTÉRIO DE 12 HOMENS NOMEADOS POR NÓS?

MEU PAI ACEITOU.

ENTÃO, JURE.

"JURO, EM NOME DE EL-REI, MEU PAI, MEU SENHOR: OBSERVAR, GUARDAR E MANTER PERPETUAMENTE A CONSTITUIÇÃO TAL QUAL SE FIZER EM PORTUGAL PELAS CORTES."

VIVA O PRÍNCIPE! VIVA D. PEDRO!

JÁ JURASTE POR MIM, FILHO... POR QUE EU DEVO IR?

OS REVOLTOSOS SÓ VÃO SE CONVENCER COM A VOSSA PRESENÇA.

TENS CERTEZA DE QUE ELES VÃO RESPEITAR A MINHA REAL INTEGRIDADE?...

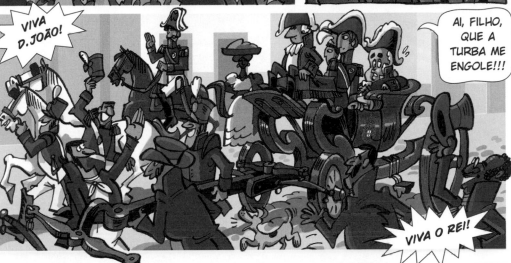

VIVA D. JOÃO!

AI, FILHO, QUE A TURBA ME ENGOLE!!!

VIVA O REI!

J-JURO... O-OBSERVAR A CONSTITUIÇÃO... TAL QUAL SE FIZER... C-CORTES...

VIVA O REI!

VIVA O REI!

VIVA D. JOÃO!

VIVA O PRÍNCIPE!

NAQUELA NOITE, D. JOÃO ASSISTE À ÓPERA "LA CENERENTOLA" (CINDERELA), DE ROSSINI...

UNA VOLTA C'ERA UN RE, CHE A STAR SOLO S'ANNOIÒ.*

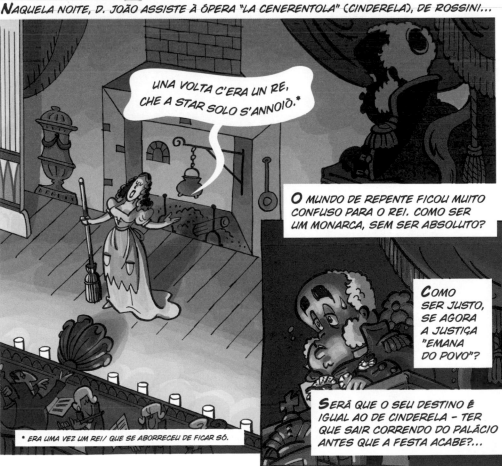

O MUNDO DE REPENTE FICOU MUITO CONFUSO PARA O REI. COMO SER UM MONARCA, SEM SER ABSOLUTO?

COMO SER JUSTO, SE AGORA A JUSTIÇA "EMANA DO POVO"?

SERÁ QUE O SEU DESTINO É IGUAL AO DE CINDERELA - TER QUE SAIR CORRENDO DO PALÁCIO ANTES QUE A FESTA ACABE?...

* ERA UMA VEZ UM REI/ QUE SE ABORRECEU DE FICAR SÓ.

Quando D. João anunciou que iria a Portugal deixando D. Pedro em seu lugar, o Rio se encheu de preocupação e incerteza.

O QUE SERÁ QUE VAI ACONTECER? COMO VAI FICAR O RIO SEM D. JOÃO?

OS NAVIOS ESTÃO **CHEIOS DE OURO!** OS GALEGOS RAPARAM OS COFRES!

DONA CARLOTA, SÓ PARA CONTRARIAR, AGORA ERA (DA BOCA PARA FORA) "CONSTITUCIONALISTA".

21 DE ABRIL

APOIADO! APOIADO!

PEÇO A PALAVRA!

No prédio da Bolsa, uma assembleia se reúne para escolher os deputados brasileiros para as Cortes de Lisboa...

Os debates, cada vez mais acalorados, avançam noite adentro...

PROPONHO FECHAR O PORTO IMEDIATAMENTE E RETIRAR O **OURO DOS NAVIOS!**

APOIADO! APOIADO!

O REI PRECISA IMEDIATAMENTE JURAR A **CONSTITUIÇÃO ESPANHOLA,** ENQUANTO AS CORTES NÃO ESCREVEM A NOVA!

À meia-noite, D. João é acordado para uma reunião de emergência...

"SOU SERVIDO ORDENAR QUE DE HOJE EM DIANTE SE FIQUE ESTRITA E LITERALMENTE OBSERVANDO NESTE REINO DO BRASIL A MENCIONADA CONSTITUIÇÃO ESPANHOLA..."

QUE ME CUSTA ASSINAR? JÁ JUREI ATÉ UMA CONSTITUIÇÃO QUE NÃO FOI ESCRITA AINDA...

22 DE ABRIL, 4H DA MANHÃ

VIVA A CONSTITUIÇÃO ESPANHOLA!

APOIADO! APOIADO!

BLAM

BAM

BAM

PEÇO A PALAVRA...

NUNCA FICOU PROVADO QUEM COMANDOU O ATAQUE AO PRÉDIO DA BOLSA.

TERIA SIDO D. PEDRO? OU O TRUCULENTO CONDE DOS ARCOS, QUE REPRIMIU A REVOLTA EM PERNAMBUCO?

A CONTAGEM DE MORTOS VARIA DE UM A 30, COM MUITOS FERIDOS.

O DECRETO DAQUELA MADRUGADA FOI ANULADO ÀS 8H DA MANHÃ.

afougue dos Bragança

ATÉ QUE ENFIM VOU-ME EMBORA PARA UMA TERRA DE HOMENS!!!

A PARTIDA PARA LISBOA FOI ANTECIPADA.

D. JOÃO SE DESPEDIU EM UM CONSTRANGIDO BEIJA-MÃO E EMBARCOU DISCRETAMENTE À TARDINHA DO DIA 24, LEVANDO CONSIGO CERCA DE 3 MIL PORTUGUESES.

NÃO ERA BOATO: OS COFRES REALMENTE FICARAM VAZIOS.

EL-REI AUMENTOU O SOLDO DOS SOLDADOS BRASILEIROS PARA SE IGUALAR AO DOS PORTUGUESES...

... AO MESMO TEMPO QUE FEZ UM SAQUE-MONSTRO CONTRA O BANCO DO BRASIL, DE 50 MILHÕES DE CRUZADOS.

Baseado na obra *Partida da Rainha para Portugal*, de Debret.

Cronologia

1776   Independência das colônias inglesas americanas.

1785   (18 de maio) Casamento dos infantes portugueses com os infantes espanhóis: d. João casa com d. Carlota Joaquina; d. Mariana Vitória com d. Gabriel de Bourbon.

1785   (5 de janeiro) Alvará de d. Maria I proíbe o estabelecimento no Brasil de manufaturas.

1789   (14 de julho) Tomada da Bastilha.

1789   **Estoura a Inconfidência Mineira.**

1792   (10 de fevereiro) Decretado estado de demência de d. Maria I; d. João assume o governo português.

1799   (9 de novembro) Golpe do 18 Brumário. Napoleão toma o Estado na França.

1799   Início da Regência de d. João em função do estado de saúde de d. Maria I.

1801   (29 de janeiro) União entre França e Espanha e ultimato a Portugal para que feche os portos aos navios ingleses.

1801   (28 de fevereiro) A Espanha declara guerra a Portugal e invade o território luso em maio: Guerra das Laranjas. Paz em Badajoz (6 de junho).

1801   (29 de setembro) Novo tratado é assinado com a França, em Madri, e nele Portugal cede parte da Guiana.

1805   Batalha de Trafalgar: Inglaterra abate as forças navais francesas e espanholas.

1805   Junot chega a Lisboa como embaixador.

1805   É abortada a conjuração de Carlota Joaquina para a deposição de d. João.

1807   (8 de julho) Tratado de Tilsit: Rússia e Prússia, derrotadas, assinam a paz com Napoleão.

1807   (1º de outubro) Os embaixadores da França e da Espanha retiram-se de Lisboa.

1807 (11 de outubro) Napoleão decreta o fechamento dos portos portugueses à Inglaterra. Junot recebe ordem para invadir Portugal.

1807 (22 de outubro) Intimidação francesa para que Portugal expulse os ingleses; convenção secreta entre Inglaterra e Portugal garante escolta para que a Família Real parta para o Brasil.

1807 (27 de outubro) Tratado de Fontainebleau, assinado pela França e Espanha para desmembramento e adjudicação dos Estados Portugueses.

1807 Depois de reunião com o Conselho de Estado, d. João decide embarcar para o Brasil.

1807 (29 de novembro) A corte parte para o Brasil.

1807 (30 de novembro) Junot entra em Lisboa.

1808 (28 de janeiro) D. João chega a Salvador. Decreta a "Abertura dos portos brasileiros às nações amigas".

1808 (7 de março) D. João aporta no Rio de Janeiro.

Com a instalação da corte, o governo de d. João cria uma série de instituições e medidas: Conselho de Estado, Conselho da Fazenda; Conselho Supremo Militar e de Justiça; Ministério de d. João (tendo d. Rodrigo de Souza Coutinho, Conde de Linhares, como ministro da Guerra e do Estrangeiro e d. Fernando José de Portugal como ministro da Fazenda e do Interior); Tribunal da Mesa do Desembargo do Paço e da Consciência e Ordens no Rio de Janeiro (por alvará de 22 de abril); Real Academia dos Guardas da Marinha, no Rio de Janeiro (por alvará de 5 de maio); Intendência Geral da Polícia da Corte e do Estado do Brasil (por alvará de 10 de maio); elevação do Tribunal da Relação à categoria de Casa da Suplicação do Brasil (por alvará de 10 de maio); Impressão Régia (13 de maio); abolição da proibição de instalação de fábricas no Brasil e em todos os domínios ultramarinos (por alvará de 28 de maio); Museu Real no Rio de Janeiro (por decreto de 6 de junho); Real Junta do Comércio, Agricultura, Fábricas e Navegação (por alvará de 23 de agosto); determinação para circulação de moedas de ouro, prata e cobre e proibição de ouro em pó (por alvará de 1º de setembro); declaração de completa liberdade de circulação de moeda no Brasil por alvará régio; *A gazeta do Rio de Janeiro* (10 de setembro); Escola Anatômica Cirúrgica e Médica do Hospital Militar do Rio de Janeiro (por decreto de 5 de novembro); Paróquia do Paço Real; Arsenal da Marinha; Regimento de Cavalaria; estímulos à imigração no Brasil (por decreto de 25 de novembro); permissão para a concessão de sesmarias a estrangeiros (por decreto de 25 de novembro).

1808 (1º de maio) Manifesto do Príncipe Regente, d. João, declara guerra à França.

1808 (junho) Capitulação de Sintra, com a retomada parcial do território português.

1808 (1º de junho) Início da circulação do *Correio Braziliense* de Hipólito José da Costa Pereira, em Londres.

1808 (15 de setembro) Restauração de Portugal.

1808 (outubro) Invasão da Guiana Francesa por seiscentos homens das tropas brasileiras.

1809 (maio) Segunda invasão francesa comandada por Soult.

1809 (11 de dezembro) Início das atividades do Banco do Brasil.

1810 (19 de fevereiro) Assinatura entre Portugal e Inglaterra dos tratados de Comércio e Amizade e de Aliança e Navegação.

1810 (19 de fevereiro) Terceira invasão francesa a Portugal, comandada por Massena.

1811 (17 de abril) O exército francês deixa Portugal.

1811 (3 de maio) Última retirada dos franceses de Lisboa.

1812 (29 de janeiro) Morte de d. Rodrigo de Souza Coutinho.

1814 (11 de abril) Abdicação de Napoleão e retiro para Elba.

1814 (30 de maio) Primeiro tratado de paz entre Brasil e França.

1814 (1º de outubro a 9 de junho de 1815) Congresso de Viena.

1815 Napoleão é derrotado em Waterloo (18 de junho) e preso em Santa Helena. A segunda abdicação de Bonaparte se dá em 22 de junho.

1815 Restauração definitiva dos Bourbon, com Luiz XVIII no poder.

1815 **(16 de dezembro) Carta de Lei que eleva o Brasil a Reino Unido de Portugal e Algarves.**

1816 (26 de março) Morre d. Maria I, rainha de Portugal. Elevação de d. João.

1816 (26 de março) Os artistas franceses — Nicolas-Antoine Taunay, Jean-Baptiste Debret, Grandjean de Montigny, Auguste Taunay e Joaquim Lebreton — chegam no Rio de Janeiro com suas famílias.

1816 Decreto de instalação da Escola Real das Ciências, Artes e Ofícios.

1817 (6 de março) Estoura a revolução republicana em Pernambuco.

1817 (22 de junho) Morre o conde da Barca.

1817 (6 de novembro) Desembarque de d. Maria Leopoldina no Rio de Janeiro.

1818 (6 de fevereiro) D. João VI promove a cerimônia de sua aclamação.

1818 (13 de maio) Casamento da arquiduquesa da Áustria, d. Maria Leopoldina, com d. Pedro.

1820 (19 de agosto) Revolução Constitucionalista do Porto.

1820 (23 de novembro) Fundação da Academia das Artes do Rio de Janeiro por decreto.

1821 **(26 de abril) Família real regressa definitivamente a Portugal.**

1821 (26 de abril) D. Pedro assume a regência do Reino do Brasil.

1821 (5 de maio) Morre Napoleão Bonaparte.

1821 (29 de setembro) Ordem para retorno de d. Pedro a Portugal.

1822 (1º de outubro) Juramento da Constituição por d. João VI em Portugal.

1822 **(7 de setembro) Proclamação da Independência do Brasil.**

1826 (10 de março) Morte de d. João em Portugal.

Desenhos de produção

PROJETO DE SELO FEITO POR MEU PAI, 50 ANOS ANTES DESTE LIVRO.

UM PERSONAGEM NÃO NASCE PRONTO. UMA BOA MANEIRA DE ESTUDÁ-LO É VÊ-LO EM AÇÃO.

DEPOIS, AS FORMAS DEFINITIVAS SÃO FIXADAS EM UM DIAGRAMA DE PROPORÇÕES (TAMBÉM CONHECIDO COMO "MODEL SHEET"), PARA O PERSONAGEM NÃO MUDAR MUITO DURANTE A HISTÓRIA.

CAREQUINHA

ESTUDO DAS MEDALHAS, ORDENS, COMENDAS...

O CONDE DA BARCA FOI MAIS DIFÍCIL... ELE TINHA UM ROSTO "NORMAL", CERTINHO, SEM EXAGEROS...

CONDE DA BARCA

CONDE DA BARCA

O **LORDE STRANGFORD** ORIGINAL JÁ PARECIA BEM ARROGANTE, MAS MISTUREI COM ALGUNS TRAÇOS DO ATOR INGLÊS **BILL NIGHY** PARA FICAR MAIS METIDO AINDA.

STRANGFORD "REAL"

strangford.

O FIGURINO DE STRANGFORD É INSPIRADO NO FILME "PIMPINELA ESCARLATE" E EM OUTROS "DÂNDIS" DA ÉPOCA.

FOI IMPORTANTE DEFINIR BEM OS MINISTROS, POIS ELES CONDUZEM A TRAMA, OFERECENDO CONSELHOS E CAMINHOS PARA AS DECISÕES (E INDECISÕES) DE D. JOÃO.

D. RODRIGO (LINHARES)

ASSIM ERA D. RODRIGO, SEGUNDO GRAVURAS DA ÉPOCA.

(NÃO UTILIZEI ESTE DESENHO REALISTA NO PROCESSO DE CRIAR O PERSONAGEM. É SÓ PARA MOSTRAR COMO ELE ERA).

Conde de Linhares.

NESTA CENA, O GLOBO VIROU UM MAPA-MÚNDI DE AZULEJOS.

PORTUGAL NÃO É A MELHOR PARTE DO IMPÉRIO.

SEMPRE AMEAÇADO PELAS NAÇÕES INIMIGAS, PRESSIONADO PELAS AMIGAS...

AAAAHH!
OS DEMÔNIOS!!!

TRÊS MULHERES TRÁGICAS:
A "RAINHA LOUCA"...

RECEITA
DE
CARLOTA:
- MEDEIA
- LADY MACBETH
- FRIDA KAHLO
- DICK VIGARISTA
- DIDI DOS TRAPALHÕES

...A CONSPIRADORA...

...E A PRINCESA TRISTE.

OS TIPOS POPULARES
PORTUGUESES FORAM
PESQUISADOS EM
GRAVURAS DE ÉPOCA,
E TAMBÉM NA OBRA
DO AQUARELISTA
ROQUE GAMEIRO
(1864 - 1935) E DO
CARICATURISTA
BORDALO PINHEIRO
(1846 - 1905),
CRIADOR DO
ZÉ POVINHO.

TRICANA

ZÉ POVINHO

VARINA

RIBATEJANO

NÃO É DIFÍCIL ENCONTRAR INFORMAÇÃO SOBRE TEMAS MILITARES EM LIVROS, FILMES E NA INTERNET.

ESPECIALISTAS NÃO FALTAM.

JUSTAMENTE POR ISSO A PESQUISA TEM QUE SER MINUCIOSA.

ESTE NAPOLEÃO FOI BASEADO NO ATOR CHRISTIAN CLAVIER.

LISBOA É O ÚLTIMO OBSTÁCULO PARA A PACIFICAÇÃO DE TODA A EUROPA!

JUNOT

NUMA HISTÓRIA COMO ESTA NÃO PODERIA FALTAR A PARTE NÁUTICA.

MESTRES DE QUADRINHOS COMO UDERZO, HUGO PRATT E PIERRE BROCHARD ERAM GRANDES ESPECIALISTAS EM NAVIOS ANTIGOS.

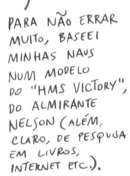

PARA NÃO ERRAR MUITO, BASEEI MINHAS NAUS NUM MODELO DO "HMS VICTORY", DO ALMIRANTE NELSON (ALÉM, CLARO, DE PESQUISA EM LIVROS, INTERNET ETC.).

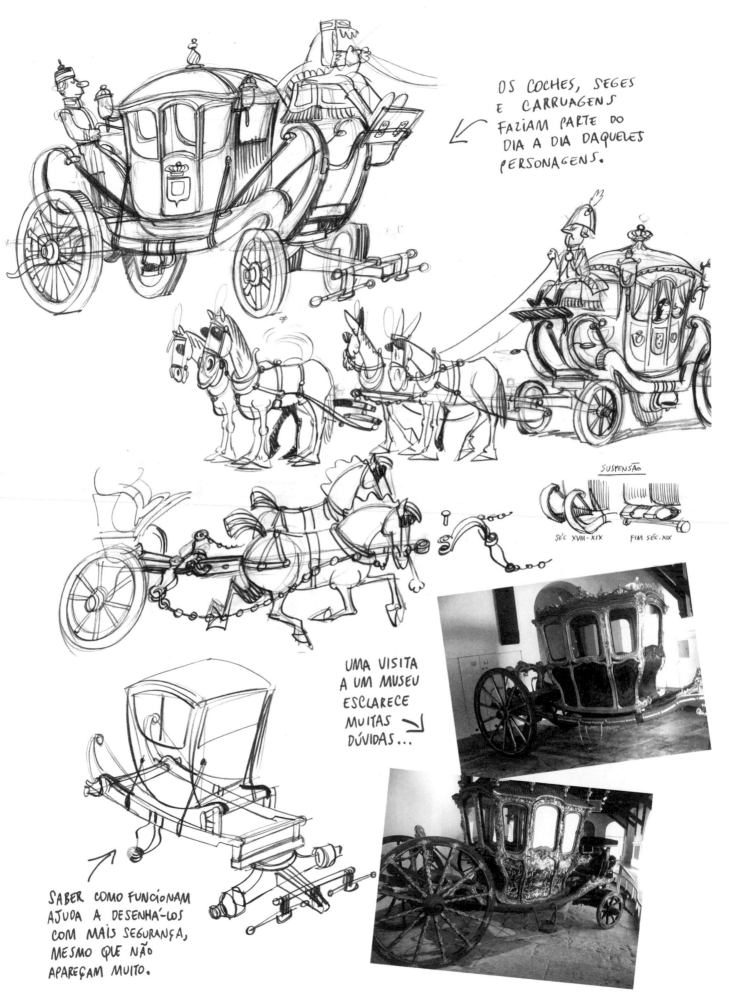

OS COCHES, SEGES E CARRUAGENS FAZIAM PARTE DO DIA A DIA DAQUELES PERSONAGENS.

SUSPENSÃO

SÉC XVIII-XIX

FIM SÉC.XIX

UMA VISITA A UM MUSEU ESCLARECE MUITAS DÚVIDAS...

SABER COMO FUNCIONAM AJUDA A DESENHÁ-LOS COM MAIS SEGURANÇA, MESMO QUE NÃO APAREÇAM MUITO.

ESTE É O RETRATO MAIS FAMOSO DE D. PEDRO, POR <u>SIMPLÍCIO RODRIGUES DE SÁ</u>. MAS SEMPRE ACHEI ESTRANHO.

(PARECE UM QUERUBIM)

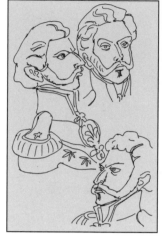

ACREDITO QUE ESTE ESBOÇO FEITO POR <u>DEBRET</u>, AO VIVO, <u>SEJA MAIS FIEL.</u>

ESCULTURA DE <u>MARC FERREZ</u> NO MUSEU NACIONAL.

ESTA CENA NA PRAIA VERMELHA
FOI ENRIQUECIDA COM DESENHOS
E FOTOGRAFIAS FEITOS NO LOCAL.

(NÃO RESISTI EM TERMINAR
ESTA H.Q. COM O PRÍNCIPE
E A PRINCESA CAVALGANDO
NA PRAIA... :)

SPACCA.
OUT. 2007

PRAIA VERMELHA
ABRIL 2007

A AVENTURA
DO REI QUE FUGIU PARA
CONSERVAR A COROA
GEROU ALGUNS BENÉFICOS
EFEITOS COLATERAIS PARA
A TERRA QUE O RECEBEU.

EM PORTUGAL, D.JOÃO TERÁ QUE
SE CONFORMAR COM O NOVO
PAPEL DE REI CONSTITUCIONAL E
DIVIDIR O PODER COM OS
REPRESENTANTES DO POVO...

...E NO BRASIL, D. PEDRO FICA COM O
DESAFIO DE ADMINISTRAR UM PAÍS SEM
FUNDOS E AGITADO POR CRISES POLÍTICAS
E DESAVENÇAS QUE ACABARIAM LEVANDO
À INDEPENDÊNCIA SOB A SUA LIDERANÇA.

Bibliografia

ABREU, Maria Lucília. *Roque Gameiro, o homem e a obra*. Lisboa: ACD Editores, 2005.

BERGER, Paulo. *Pinturas e pintores do Rio antigo*. Rio de Janeiro: Livraria Kosmos, 1990.

CALMON, Pedro. *O Rei do Brasil, vida de d. João VI*. São Paulo: Companhia Editora Nacional, 1943.

CARDOSO, Rafael. *Castro Maya colecionador de Debret*. Rio de Janeiro: Museu Castro Maya, 2003.

CAVALCANTI, Nireu Oliveira. *Rio de Janeiro: Centro histórico, 1808-1998 — Marcos da Colônia*. Rio de Janeiro: Dresdner Bank Brasil, 1998.

DEBRET, Jean-Baptiste. *Viagem pitoresca e histórica ao Brasil*. Tradução de Sérgio Milliet. São Paulo: Livraria Martins, 1940.

DIAS, Maria Odila Silva. "A interiorização da metrópole (1808-1853)", in MOTA, Carlos Guilherme (coord.). *1822 — Dimensões*. São Paulo: Perspectiva, 1986.

DINIS, Calderon. *Tipos e factos da Lisboa do meu tempo*. Lisboa: D. Quixote, 1986.

EDMUNDO, Luiz. *A corte de d. João no Rio de Janeiro (1808-1821)*. 1º volume. Rio de Janeiro: Conquista, 1957.

FERREZ, Gilberto. *O Paço da Cidade do Rio de Janeiro*. Rio de Janeiro: Fundação Nacional Pró-Memória, 1985.

GAMA, Luís Filipe Marques da. *Palácio Nacional de Mafra*. Lisboa: E.L.O., 1992.

KARASCH, Mary. *A vida dos escravos no Rio de Janeiro: 1808-1850*. São Paulo: Companhia das Letras, 2000.

LIGHT, Kenneth. "A viagem da família real para o Brasil: 1807-1808", in *Anais do seminário internacional d. João VI: um rei aclamado na América*. Rio de Janeiro: MHN, 2000.

LIMA, Oliveira. *Dom João VI no Brasil*. Rio de Janeiro: Livraria José Olympio, 1945.

MAGALHÃES, Joaquim Romero (coord.). *D. João VI e o seu tempo*. Lisboa: Comissão Nacional para as Comemorações dos Descobrimentos Portugueses, 1999.

MANCHESTER, Alan K. "A transferência da corte portuguesa para o Rio de Janeiro", in KEITH, H. & EDWARDS, S. F. (org.). *Conflito e continuidade na sociedade brasileira*. Rio de Janeiro: Civilização Brasileira, 1970.

O'NEILL, Thomas. "A concise and accurate account of the proceedings of the squadron under the command of admiral Sir William Sidney Smith." Londres, 1810.

RODRIGUES, Ivan Wasth & BARROSO, Gustavo. *História do Brasil em quadrinhos.* Rio de Janeiro: Brasil--América, 1970.

RUGENDAS, Johann Moritz. *Viagem pitoresca através do Brasil.* São Paulo: Itatiaia/ Edusp, 1989.

SCHWARCZ, Lilia Moritz. *A longa viagem da biblioteca dos reis: do terremoto de Lisboa à independência do Brasil.* São Paulo: Companhia das Letras, 2002.

STRÄTER, Pierre-Henri & BROCHARD, Henri. *A bordo dos grandes veleiros do século XVIII.* Rio de Janeiro: Lutécia, 1979.

WILCKEN, Patrick. *Império à deriva — A corte portuguesa no Rio de Janeiro, 1808-1821.* Rio de Janeiro: Objetiva, 2005.

Sobre os autores

Lilia Moritz Schwarcz é professora titular no departamento de antropologia da Universidade de São Paulo. É autora, entre outros, de *Retrato em branco e negro – jornais, escravos e cidadãos em São Paulo de finais do século XIX* (Companhia das Letras, 1987), *O espetáculo das raças – cientistas, instituições e questão racial no Brasil do século XIX* (Companhia das Letras, 1993 e Farrar Strauss & Giroux, 1999), *As barbas do Imperador – D. Pedro II, um monarca nos trópicos* (Companhia das Letras, Prêmio Jabuti/ Livro do Ano e Farrar Strauss & Giroux, 2004), *No tempo das certezas* (coautoria Angela Marques da Costa, São Paulo, Companhia das Letras, 2000), *Símbolos e rituais da monarquia brasileira* (Rio de Janeiro, Jorge Zahar, 2000), *Racismo no Brasil* (Publifolha, 2001), *A longa viagem da biblioteca dos reis* (com Paulo Azevedo, Companhia das Letras, 2002), *Registros escravos* (Biblioteca Nacional, 2006) e *O sol do Brasil: Nicolas-Antoine Taunay e seus trópicos difíceis* (Companhia das Letras, 2008). Coordenou o 4º volume da *História da Vida Privada no Brasil* (Companhia das Letras, 1998).

Spacca (João Spacca de Oliveira) nasceu em 1964, em São Paulo, é cartunista e ilustrador. Fez *storyboards* para filmes publicitários no começo da carreira; depois, entre 1985 e 1995, criou charges políticas para o jornal *Folha de S.Paulo* e ilustrou o suplemento infantil *Folhinha* por dois anos. Escreveu histórias em quadrinhos para as revistas *Níquel Náusea* e *Front*, e também trabalhou com animação. Atualmente faz charges para a versão on-line do *Observatório da Imprensa* e para publicações empresariais. Para a Companhia das Letrinhas, ilustrou *O Mário que não era de Andrade*, de Luciana Sandroni; *O jogo da parlenda*, de Heloísa Prieto; *A reunião dos planetas*, de Marcelo Oliveira; e *Vice--versa ao contrário*, de vários autores. Escreveu e ilustrou *Santô e os pais da aviação – A jornada de Santos-Dumont e de outros homens que queriam voar* (vencedor do prêmio HQMIX 2006 nas categorias Desenhista Nacional, Edição Especial Nacional e Roteirista Nacional) e *Debret em viagem histórica e quadrinhesca ao Brasil*, ambos publicados pela Cia. das Letras. Em 2005, Spacca recebeu o primeiro prêmio de charge no Salão Internacional de Humor de Piracicaba.

Esta obra foi composta em Agaramond e Wild Words e impressa pela Geográfica em ofsete
sobre papel Paperfect da Suzano Papel e Celulose para a Editora Schwarcz em janeiro de 2015

A marca FSC® é a garantia de que a madeira utilizada na fabricação do
papel deste livro provém de florestas que foram gerenciadas de maneira
ambientalmente correta, socialmente justa e economicamente viável,
além de outras fontes de origem controlada.